AF400090

BAC DE PHILOSOPHIE
2024

MICHEL FOUCAULT

Histoire de la folie

Fiche de lecture

© Bac de philosophie.

22 rue Gabrielle Josserand - 93500 Pantin.

ISBN 978-2-38509-673-1

Dépôt légal : Avril 2024

Impression Books on Demand GmbH

In de Tarpen 42

22848 Norderstedt, Allemagne

SOMMAIRE

INTRODUCTION

Histoire de la folie à l'âge classique est un essai philosophique publié en 1961. Il s'agit de la thèse de doctorat de Michel Foucault, incontournable intellectuel français. Diplômé de l'Ecole normale supérieure (ENS), Michel Foucault s'intéresse aussi bien à la philosophie qu'à la psychologie. Il s'attache notamment à comprendre la notion de pouvoir, un concept qui guide l'essentiel de ses travaux. *Histoire de la folie à l'âge classique* s'inscrit à la fois dans le contexte des mouvements s'opposant à la psychiatrie classique et dans celui de l'engagement et de l'investissement personnel et professionnel de Foucault dans les établissements médicaux. S'il entre en contact avec le monde de la psychiatrie suite à une tentative de suicide, Foucault finit par travailler sur le terrain de la psychologie expérimentale et par écrire *Maladie mentale et personnalité* dès 1954.

Dans l'*Histoire de la folie*, il s'intéresse aux développements de l'idée de folie à travers l'Histoire. Il propose une archéologie de la déraison, où il tente de la cerner à partir de ses limites : la folie. Il montre que l'idée que l'Occident se fait de la folie a connu d'importantes variations et que la conception contemporaine de la folie comme maladie mentale est le produit de notre culture et histoire. Il dessine alors les grandes étapes du rapport de la raison à la folie de la fin du Moyen Âge au XIXe siècle en s'appuyant sur des sources diverses : les archives, la littérature ou encore l'iconographie. Il explique de quelle manière les fous sont progressivement réduits au silence lors du grand renfermement lié à la création de l'Hôpital général de Paris en 1656, et décrit comment ils finissent par prendre place à l'asile à partir de la libération des enchaînés de l'hôpital de Bicêtre en 1793, la folie devenant une maladie mentale étudiée par la psychiatrie, que Foucault qualifie de monologue de la raison sur la folie.

BIOGRAPHIE DE
MICHEL FOUCAULT

Michel Foucault est l'un des auteurs en sciences humaines les plus cités au monde. Il est connu pour son œuvre pluridisciplinaire puisant dans Nietzsche et Heidegger pour analyser les processus de pouvoir et développer une critique des institutions sociales. Il introduit en philosophie des thèmes nouveaux comme la folie, la prison ou encore la sexualité. Il est perçu comme un intellectuel engagé, ayant notamment soutenu la plupart des combats minoritaires émergents.

Paul-Michel Foucault est né en 1926 à Poitiers, dans une famille bourgeoise de province. Son père, Paul Foucault, est un éminent chirurgien qui nourrit l'espérance de le voir rejoindre la profession. Pour des raisons qui restent mal connues, Michel Foucault abandonne le « Paul » de son prénom. Le philosophe Didier Eribon, son principal biographe, propose deux hypothèses. La première est celle que Foucault donnait à sa mère : ses initiales PMF étaient celles de Pierre Mendès France. La seconde est celle qu'il avait donnée à ses amis : il refusait de continuer à porter le prénom d'un père qu'il avait haï toute son adolescence.

Après le lycée, Michel Foucault effectue deux années de classe préparatoire à Poitiers puis une au lycée Henri-IV de Paris. C'est là qu'il rencontre Jean Hyppolite, qu'il trouve fulgurant et à qui il succèdera au Collège de France. En 1946, il entre à l'Ecole normale supérieure de la rue d'Ulm, une école dans laquelle il aura des difficultés à s'intégrer, notamment en raison de son agressivité et de sa tendance à la mégalomanie. Il souffre de dépression grave et effectue une première tentative de suicide en 1948. Il se retrouve à l'hôpital Saint-Anne où il fait la rencontre du Docteur Gaillot, psychiatre qui suppose que ses envies suicidaires viennent du fait qu'il vive mal son homosexualité. Il poursuit ensuite sa formation en philosophie et s'intéresse à la psychologie. Il obtient une licence dans ce domaine en 1949. En 1950, son échec au concours de l'agrégation de philosophie est à l'origine d'une deuxième tentative de suicide, mais Foucault parvient à se remettre sur pied et décroche le précieux sésame l'année suivante.

De 1950 à 1952, il travaille sur le terrain de la psychologie expérimentale à la prison de Fresnes et de 1951 à 1955, il enseigne la psychologie à l'Ecole normale supérieure. Il devient célèbre pour son éloquence, qui impressionne notamment Paul Veyne et Jacques Derrida. En même temps, il est assistant à l'Université de Lille, où il enseigne aussi la psychologie, et il s'attache à traduire *Le Rêve et l'existence* de Ludwig Binswanger, un livre qu'il préface et publie en 1954. La même année, son premier ouvrage, *Maladie mentale et personnalité*, paraît. Commandé par Louis Althusser, ce travail est très lié à son histoire personnelle, bien qu'il le désavoue plus tard.

Foucault entame ensuite une carrière à l'international, en acceptant un poste à l'Université d'Uppsala en Suède en tant que conseiller culturel, puis au Centre de civilisation française à Varsovie en Pologne. Mais en 1959, la police de Gomulka exige son départ. Il retourne alors en France et travaille à l'Université de Clermont-Ferrand. En 1961, il finit sa thèse intitulée *Folie et Déraison. Histoire de la folie à l'âge classique*. Rapportée par Georges Canguilhem et Daniel Lagache, elle est très bien accueillie. Il y étudie les développements de la notion de folie à travers l'Histoire. Foucault continue ensuite à s'intéresser aux questions médicales et publie *Naissance de la clinique : une archéologie du regard médical*, ainsi que *Raymond Roussel* (1963). La même année, il entre au conseil de la rédaction de la revue Critique auprès de Jean Piel.

Il prend ensuite un poste à l'Université de Tunis en 1965, alors même qu'il est nommé à la Commission de réforme des universités mise en place par Christian Fouchet, ancien ministre de l'éducation. En 1966, *Les Mots et les Choses* paraissent, à une époque où le structuralisme est un courant à succès. Ainsi, Foucault se trouve rattaché à des chercheurs comme Jacques Derrida, Claude Lévi-Strauss et Roland Barthes. On l'associe à la nouvelle vague de penseurs qui s'attachent à décrire les systèmes et leurs structures pour renverser la pensée existentialiste.

En mai 1968, Foucault réside encore à Tunis et s'émeut de la révolte des étudiants tunisiens. Il ne revient en France qu'à l'automne et publie l'année suivante *L'Archéologie du savoir* (1969). Suite aux évènements de mai, le gouvernement français décide de la création d'une université expérimentale à Vincennes et Foucault est nommé directeur du département de philosophie. Son accréditation lui sera néanmoins retirée suite à l'invitation de la philosophe radicale Judith Miller. Foucault rejoint les étudiants qui occupent le campus pour protester. Malgré tout, il est élu au Collège de France en 1970 en tant que professeur d'histoire des systèmes de pensée. Sa leçon inaugurale, *L'Ordre du discours*, paraît l'année suivante.

Foucault persévère dans son engagement politique et fonde le Groupe d'information sur les prisons (GIP), groupe qui doit offrir une tribune aux prisonniers souhaitant s'exprimer sur les conditions de leur incarcération. En 1972, il crée le Comité d'action des prisonniers (CAP) et participe aux premières manifestations des travailleurs immigrés. De son action en faveur des prisonniers émerge l'ouvrage *Surveiller et punir*, publié en 1975. Il y montre comment le système pénal remplace la punition d'actes criminels par la création de figures d'individus dangereux pour la société.

Il participe ensuite au débat sur la loi de la pudeur en 1977, en demandant l'abrogation de certains articles de la loi sur la majorité sexuelle dans le but de dépénaliser les relations consenties entre adultes et mineurs de moins de quinze ans. Foucault se met ensuite à écrire *Histoire de la sexualité*, un ouvrage en trois volumes publiés entre 1976 et 1984. Ces mêmes années, il passe du temps aux Etats-Unis à SUNY Buffalo et à Berkeley, où ses conférences attirent de nombreux étudiants. Il étudie les principes de gouvernement, la biopolitique et la parrhésia et publie *Sécurité, territoire et population* (1978), *Naissance de la biopolitique* (1979), *L'Herméneutique du sujet* (1982) et *Le Gouvernement de soi et des autres* (1983). Il poursuit ses cours jusqu'en 1984, année de sa mort. Il meurt d'une maladie opportuniste liée au Sida, raison qui pousse son ami Daniel Denfert à créer la première association de lutte contre cette maladie, AIDS.

PRÉSENTATION DE L'OUVRAGE

Histoire de la folie à l'âge classique est la thèse de doctorat de Michel Foucault parue en 1961 aux éditions Plon. Il y montre que le regard porté sur la folie dépend de la culture dans laquelle elle s'inscrit, le fou n'ayant pas toujours été considéré comme malade mental. Il y dessine les grandes étapes du rapport de la raison à la folie de la fin du Moyen Âge au XIXe siècle. Il s'appuie sur des sources diverses : les archives, la littérature ou encore l'iconographie. Il explique comment, au moment où la lèpre disparaît du monde occidental, le fou devient un personnage majeur. Si la Renaissance lui offre la possibilité de s'exprimer, il est néanmoins réduit au silence à l'Âge classique. En 1656, la création de l'Hôpital général de Paris marque l'avènement de l'ère du grand renfermement, au cours de laquelle le fou prend place à côté des délinquants et des marginaux. L'internement, qui n'a pas de visée médicale, a alors un but social et économique : isoler et faire travailler ceux qui pèsent sur l'ordre de la société. Perçue comme une grave erreur économique, cette pratique disparaît toutefois progressivement au XVIIIe siècle. L'asile est alors créé à la suite de la libération des enchaînés de l'hôpital de Bicêtre en 1793 par Philippe Pinel, et la folie se constitue comme maladie mentale. La maladie mentale est alors étudiée par la psychiatrie, science dont Foucault fait la critique.

RÉSUMÉ DE L'ŒUVRE

Première partie

Chapitre I - Stultifera navis

Au Moyen Âge, les épidémies de lèpre sont fréquentes en Europe occidentale. Les léproseries permettent d'isoler les malades et de sauvegarder la société de cette plaie perçue comme l'expression d'un châtiment divin. Elles prennent une dimension symbolique, le lépreux devenant une « figure insistante et redoutable qu'on n'écarte pas sans avoir tracé autour d'elle un cercle sacré ». Les maladies vénériennes prennent ensuite le relais de la lèpre et les personnes atteintes remplacent les lépreux dans les léproseries. Néanmoins, leur statut diffère, puisqu'ils relèvent de la médecine qui cherche à les soigner.

Le tableau de Jérôme Bosch, La Nef des fous, est le symbole de la perception de la folie à la Renaissance. Cette nef est un bateau errant d'une ville à l'autre et emportant les fous, permettant ainsi de les exclure des villes. L'idée est que, suivant la symbolique chrétienne, l'eau permet de purifier les âmes. Les fous sont ainsi confiés aux fleuves. Le personnage du fou prend à cette période une ampleur remarquable dans la littérature et l'art de manière plus générale, sa présence servant de plus en plus à annoncer la fin et la mort. Le fou prend ainsi peu à peu la place du lépreux, en renvoyant à la condition humaine : « La dérision de la folie prend la relève de la mort et de son sérieux. » Avec Erasme et son *Eloge de la folie*, celle-ci est toutefois mise à distance par la raison qui la juge et la soumet au principe de rationalité. Ainsi, elle devient « l'une des formes de raison ». La Renaissance est donc une période au cours de laquelle la folie commence à être maîtrisée.

Chapitre II - Le grand renfermement

Si la Renaissance pense la folie à partir de la raison, Descartes, avec ses *Méditations métaphysiques* (1641), propose une nouvelle configuration de la folie. Avec l'expérience du *cogito*, il sépare définitivement folie et raison, affirmant que le doute permet à l'homme de se retrancher dans l'espace hermétique de la raison, dont la folie est exclue : « Le péril de la folie a disparu de l'exercice même de la raison. » La fondation de l'Hôpital général de Paris en 1656 inaugure l'exclusion de la folie. Cet établissement s'affirme comme un lieu permettant de rassembler ceux qui menacent l'ordre politique et le règne de la raison. Loin d'être une institution médicale, cet Hôpital pratique un internement visant à garantir le respect de l'ordre établi. Ainsi, les oisifs, mais aussi les pauvres, les vagabonds et les marginaux y côtoient les fous ; ils sont enfermés pour protéger le corps social des germes de révolte dont ils sont porteurs. En pleine période de crise économique, l'internement permet l'accès à une main d'œuvre à bas prix, tout en poussant à une mise au travail généralisée. La morale de l'époque implique que c'est par le travail que la réhabilitation morale interviendra.

Chapitre III : Le monde correctionnaire

Ensuite, la folie bénéficie d'une nouvelle définition sociale. Sont internés les fous, pauvres et marginaux mais aussi les libertins, les vénériens, les sodomites et les homosexuels. Ceux qui s'écartent de la norme sociale sont perçus comme porteurs de déraison. L'ordre familial et les transgressions qui le menacent font l'objet d'une attention particulière de l'Etat. Le partage entre folie et déraison s'opère donc en suivant la ligne de démarcation entre norme et déviance.

Chapitre IV : Expériences de la folie

Si l'Hôpital général n'a pas pour fonction de soigner ses patients, l'idée d'une curabilité de la folie s'impose toutefois à l'Âge classique. La médecine du XVIIe siècle n'a défini la folie que dans sa structure sociale ; les expertises médicales sont absentes des débats et remplacées par un arbitrage judiciaire. C'est cet arbitrage judiciaire qui est à la base des théories médicales, celui-ci ayant mis en lumière la nécessité d'une définition plus fine de l'aliénation afin de mieux pouvoir évaluer la responsabilité des accusés face à leurs actes. Ainsi, « pour la première fois l'homme aliéné est reconnu comme incapable et comme fou ».

Chapitre V : Les insensés

La folie n'est pas envisagée comme une maladie. Elle est perçue sous le prisme de la morale comme une mauvaise volonté : « Dans le monde de l'internement, la folie n'explique ni n'excuse rien. » L'idée est alors que l'état de folie ou de raison provient d'un choix fondamental qui met en avant la liberté du sujet. Ainsi, les fous, ayant refusé la liberté, se distinguent des hommes libres, soit des hommes. Par conséquent, aucune réflexion sur l'inhumanité des traitements infligés aux fous n'est menée. La folie témoigne d'une bestialité de l'homme, bestialité qui justifie que parfois, comme un animal, le fou soit montré en spectacle. Par la suite, la psychiatrie reprend à son compte ce thème classique de la folie animale au XIXe siècle, en définissant l'aliénation mentale comme mécanisme pathologique de la nature.

Deuxième partie

Chapitre I : Le fou au jardin des espèces

Au XVIIIe siècle, la maladie est pensée sur le modèle botanique, l'ambition étant de créer « un jardin des espèces pathologiques » permettant de soumettre la maladie au principe de raison :

« Le grand souci des classifications est animé par une constante métaphore qui a l'ampleur et l'obstination d'un mythe : c'est le transfert des désordres de la maladie à l'ordre de la végétation. »

Cette classification aboutit toutefois le plus souvent à une simple définition des caractères moraux ou physiques des patients. Seule la découverte des maladies nerveuses permettra d'instaurer une véritable relation entre médecin et malade en permettant l'établissement de cures.

Chapitre II : La transcendance du délire

La morale classique laisse aux fous la possibilité de rédemption quand la tradition juridique occulte leur culpabilité. Le point central est que « l'âme des fous n'est pas folle », « sa folie se limite aux seuls phénomènes du corps ». La médecine de l'époque soutient l'idée d'une folie uniquement liée au dysfonctionnement de certaines parties du corps. Toutefois, le problème de la relation entre âme et corps n'est pas ici résolu. Sous l'influence du rationalisme, la médecine pose la prééminence des passions dans les affections de l'âme. Les passions deviennent alors « les causes du mouvement dans les humeurs », elles renvoient à l'irrationalité et au délire.

Descartes, s'appuyant sur le discours délirant pour définir la folie, affirme qu'elle se situe entre le rêve et le mensonge, qu'elle correspond à un jugement erroné.

Chapitre III : Figures de la folie

La folie est comprise comme démence poussée à son paroxysme ; elle est « conçue dans toute la négativité de son désordre ». Mélancolie et manie sont expliquées par la physiologie cartésienne comme des esprits animaux. Hystérie et hypocondrie sont comprises comme étant en relation avec une faute morale.

Chapitre IV : Médecins et malades

Le mythe de la panacée, du remède universel, trouve son application dans l'utilisation d'opium, celui-ci servant à insensibiliser. Il est perçu comme un produit permettant d'éveiller l'esprit du patient tout en le corrigeant. Néanmoins, la notion de cure remplace progressivement celle d'opium. La cure met au centre de la thérapeutique la relation patient-malade. Elle s'appuie sur les bains et douches, découlant de l'idée de nécessaire purification du corps de l'homme en proie à la folie.

Troisième partie

Chapitre 1 : La grande peur

Le Neveu de Rameau (1762), conte satirique de Diderot, fait dialoguer un philosophe avec un bohême cynique dans le but de tourner en dérision la raison. Ce texte profondément anticartésien opère un changement décisif dans la psychologie. Au XVIIIe siècle, les léproseries sont réhabilitées en lieu d'internement pour les fous. L'idée qu'ils puissent être contagieux refait surface. Il s'agit alors de stériliser les fous en les enfermant, pour qu'ils ne soient pas en mesure de transmettre les germes de leur folie. La folie est alors perçue comme une menace naissant de la liberté, les conditions de vie, mœurs et croyances pouvant la favoriser.

Chapitre II : Le nouveau partage

Dans le courant du XVIIIe siècle, la folie est isolée des autres maladies : elle « se déplace et prend lentement ses distances », elle « a trouvé une partie qui lui est propre ». Les médecins tentent d'établir des diagnostics en différenciant de manière plus sensible les maladies ; c'est le début de la perception asilaire. La folie devient alors « bientôt pitié, demain humanitarisme et sollicitude sociale ». Des mouvements revendiquent la séparation entre fous et autres prisonniers, afin de livrer la folie à l'internement, de la cacher à la société. A la même période, les indigents ne sont plus enfermés, les bourgeois les percevant comme la force de travail nécessaire à l'émergence de la révolution industrielle.

Chapitre III : Du bon usage de la liberté

Après la Révolution, la folie pose un problème majeur au système judiciaire, puisque la *Déclaration des droits de l'homme et du citoyen* met fin à la détention arbitraire. Tenon et Cabanis défendent alors l'idée que l'internement est un espace de liberté restreint ayant une valeur thérapeutique : « L'internement a pris ses lettres de noblesse médicale, il est devenu un lieu de guérison.. » La folie se transforme en objet clinique, un objet à la fois observé et étudié.

Chapitre IV : Naissance de l'asile

L'Anglais Tuke et le Français Pinel sont à l'origine du nouvel ordre asilaire. Tuke propose l'internement des fous dans des maisons de campagne fournissant un cadre thérapeutique assorti d'un retour à la nature devant permettre de retrouver la raison. Il s'appuie sur le modèle de la famille, pour soumettre le fou à la loi morale et religieuse. Il place celui-ci sous le regard des autres – de la communauté fraternelle des malades, des surveillants, du directeur de l'administration. Le fou se constitue alors comme un objet d'observation et rend possible l'émergence des sciences mentales. De son côté, Pinel propose un traitement de la folie qui oscille entre formes de libération et structures de protection. Il propose un lieu d'internement équivalent à un lieu de liberté surveillée et organisée à finalité thérapeutique et orthopédique. Les traitements sont administrés dans un contexte moral, quand le cachot ou la réclusion permettent de lutter contre la résistance des patients aux traitements choisis par le médecin. Celui-ci est le personnage central de l'asile. Il garantit l'exercice de la loi morale et juridique : « L'asile devient un instrument d'uniformisation morale et de dénonciation sociale. » Le médecin représente l'autorité dès lors que la psychiatrie se constitue comme une science. Le fou devient alors un malade mental, aliénant sa volonté dans celle du médecin, du détenteur du pouvoir de guérison. Cette pratique aboutira à la psychanalyse telle qu'elle est développée par Freud.

Chapitre V : Le cercle anthropologique

La folie est réduite au silence à l'Âge classique et le fou est à la fois coupé et préservé du monde. Il est enfermé dans un état de dépendance irréversible. Si c'est de cette réduction au silence que naît la psychologie, celle-ci ne rend pas sa voix à la déraison. Pour la faire parler, Foucault en évoque certaines figures artistiques : Goya donne à voir la folie de l'homme jeté dans la nuit ; Nietzsche et Artaud lient la déraison à la question du néant ; Sade retrouve la folie oubliée du désir. La déraison semble alors être ce qui offre la possibilité au monde occidental de renouer avec l'expérience tragique : « Folie et rêve sont à la fois le moment de l'extrême subjectivité et celui de l'ironique objectivité. »

LE CONTEXTE DE PUBLICATION

L'origine du texte remonte à 1956, année où Foucault, normalien, agrégé et diplômé en psychologie travaille en Suède pour les services culturels du Ministère des affaires étrangères. Colette Duhamel, femme de l'homme politique Jacques Duhamel, lui commande une courte histoire de la psychiatrie pour les éditions de la Table-Ronde. Foucault rédige alors un premier manuscrit dans cette perspective. En 1957, il le soumet à Jean Hyppolite en vue de l'obtention d'un doctorat de philosophie. En 1958, il retravaille ce texte en Pologne où il est en poste, avant de remettre *Folie et déraison* à Georges Canguilhem. En 1959 et 1960, il reprend encore ce manuscrit et en rédige la préface. Remarquant l'intérêt du texte, l'historien Philippe Ariès le défend et le fait paraître aux éditions Plon en 1961.

Sa publication constitue un véritable événement intellectuel. Foucault investit une histoire jusqu'alors aux mains de la psychiatrie. Il montre combien la figure de la folie est plurielle et met en lumière la manière dont elle est comprise à l'aune du concept de raison tel qu'il est défini au XVIIe siècle. Il conteste le fait qu'il y ait une essence absolue des idées et concepts. Il met l'accent sur la dévalorisation par la médecine traditionnelle de la folie, et reçoit par conséquent un accueil très critique dans la sphère médicale, surtout que cet ouvrage atypique est profondément lié aux débats qui agitent le monde psychiatrique. En France, la psychiatrie adopte la sectorisation promue par les psychiatres communistes désaliénistes comme Lucien Bonnafé, cherchant ainsi à rompre avec l'héritage asilaire du XIXe siècle. Ces psychiatres défendent l'intérêt d'une prise en charge du patient dans une aire géographique proche de son domicile, promeuvent le développement de structures intermédiaires extrahospitalières permettant le maintien des malades hors les murs.

Au même moment, en Angleterre, la psychiatrie est

contestée par le mouvement de l'antipsychiatrie qui lui reproche d'être complice de la société et récuse la notion de maladie mentale. Trois médecins, Aaron Esterson, Ronald Laing et David Cooper, auteur de *Psychiatrie et anti-psychiatrie* (1967) sont à l'origine de ce mouvement. Ils définissent la folie comme un refuge face à une situation familiale et sociale intolérable. Ils considèrent la psychose comme une période de dépression devant mener à une reconstruction permettant de tisser un nouveau contact avec soi. Ils suggèrent que les malades gèrent eux-mêmes leur communauté ainsi que les mesures thérapeutiques qui peuvent être prises, afin de les rendre responsables de leur prise en charge. Ils désirent changer la manière dont santé et maladie mentale sont considérées, visent la tolérance et l'acceptation de la folie. Les soignants n'ont alors qu'un rôle d'écoute et de soutien. Les anti-psychiatres attaquent ainsi le pouvoir psychiatrique dans son institutionnalisation. Ils dénoncent le pouvoir médical et sa connivence avec l'Etat, critiquent son rôle social de coercition, de répression et de normalisation. *L'Histoire de la folie* devient ainsi leur arme de combat.

Toutefois, le livre suscite une vive indignation, due au fait que Foucault se livre pour certains à un véritable « psychiatricide », en condamnant les efforts faits par la psychiatrie et en en faisant le dernier acte d'un processus général d'exclusion de la folie. Foucault est accusé de construire une histoire contestable de la psychiatrie, qui repose sur une conception idéaliste et romantique de la folie et la comprend comme une expérience plutôt que comme une maladie. Il fait passer la démarche de connaissance et de soin pour une répression, oubliant que les fous n'ont guère d'avantages à être livrés à eux-mêmes.

Par ailleurs, le travail de Foucault est aussi contesté par

des historiens, qui critiquent sa relation à l'archive. Il mêle archives officielles, traces de l'expert, de la police et du juge, à des archives officieuses, qui livrent des témoignages plus subjectifs à travers des œuvres artistiques et des doctrines philosophiques et littéraires. Dès lors, les historiens contestent l'attitude subjective de Foucault et sa désinvolture face au fait historique. De plus, d'autres, comme Gladys Swain et Marcel Gauchet dans *La Pratique de l'esprit humain* (1980), soulignent de potentielles erreurs d'interprétation. Ils formulent une autre explication générale de l'expérience moderne de la folie et reprochent à Foucault de n'avoir pas su voir dans l'instauration de l'asile le projet d'intégration et la volonté démocratique de considérer les malades mentaux comme des hommes. L'ouvrage a donc poussé toute une génération de chercheurs à réévaluer la psychiatrie dans le champ des sciences sociales.

LES THÈMES
PRINCIPAUX

La folie

Foucault présuppose une permanence de l'aliénation, tout en s'intéressant à l'évolution de la manière dont elle est perçue. Il interroge ainsi le partage entre raison et folie, cherche le geste qui les lie et sépare afin d'élaborer une histoire de la folie. Il montre que la genèse des formes de l'aliénation est à chercher dans des formes anciennes, comme la figure chrétienne du possédé. Il trace un lien entre folie et néant. A la Renaissance, un double mouvement s'opère. D'un côté, le fou est décrit dans le tableau de Bosch, *La Nef des fous*, comme un symbole de la condition humaine ayant partie liée avec les ténèbres. De l'autre, Erasme dans son *Eloge de la folie* dépeint une folie qui dialogue avec la raison et permet d'évoquer l'illusion humaine.

Au XVIIe siècle, le fou est rejeté et mis à l'écart. Selon l'interprétation foucaldienne, Descartes voit la folie comme une altérité totale par rapport à la raison. Toutefois, cette idée fut contestée par Derrida, pour qui la folie est le cogito lui-même, lieu où sens et non-sens se rejoignent. La certitude d'exister tiendrait alors à la possibilité de penser malgré la folie. Ainsi, si selon Foucault le sujet cartésien exclut la folie de son discours, pour Derrida, la folie continue d'exister chez Descartes, notamment à travers la notion de doute absolu. Ainsi, la folie hante le langage. Quoi qu'il en soit, le XVIIe est le siècle d'enfermement des fous, mais aussi des pauvres, oisifs et marginaux. La folie devient associée à l'incapacité de travail et à l'inadaptation sociale. Elle est interrogée sous le prisme général de la maladie, considérée comme un « morcellement du corps et de l'âme ». Elle devient de l'ordre du déraisonnable quand la raison s'affirme comme norme sociale, respect de l'ordre établi.

Au XVIIIe siècle, on tente de relever les traits caractéristiques des maladies pour les classifier. Le monde pathologique s'organise alors selon des normes nouvelles et au XIXᵉ siècle, l'Occident accorde à la folie le statut de maladie mentale. Le dialogue entre folie et raison est alors rompu ; la folie est réduite au silence par le pouvoir psychiatrique qui tente de la contrôler. La folie trouve une place particulière, elle se situe désormais dans l'asile. Le fou, autrefois bête dangereuse, est mis sous tutelle, asservi au regard savant du médecin.

Cette version de l'histoire de la folie a été largement contestée par Claude Quétel et son *Histoire de la folie, de l'Antiquité à nos jours*, où il affirme que les fous n'ont pas été enfermés avant l'apparition de l'asile à la fin du XVIIIᵉ siècle. De plus, il postule que les sources ne sont pas suffisantes pour permettre d'affirmer qu'il existe une volonté répressive de la part de l'Etat à l'égard des fous. Il propose ainsi une histoire positiviste, à laquelle Michel Foucault s'opposait.

L'internement

En 1954, Foucault visitait l'asile de Münsterlingen dans le canton de Thurgovie près du lac de Constance. Il visite alors ce lieu d'activité de psychiatres célèbres comme Hermann Rorschach, Roland Kuhn et Ludwig Binswanger, à une époque où il s'intéresse à la psychopathologie « existentielle ». Ce sera sa première expérience en tant qu'observateur dans un lieu d'internement, une expérience constitutive de ses recherches sur la folie et de sa perception de l'internement.

L'Histoire de la folie montre comment les personnes qualifiées de folles sont enfermées puis internées au cours des XVIIᵉ et XVIIIᵉ siècles. Foucault y explique que l'Hôpital général de Paris trouve son fondement dans l'institution carcérale, celle-ci faisant davantage transparaître un souci punitif que thérapeutique. Il dérive de l'ordre monarchique et bourgeois ; au XVIIe siècle y sont internés des fous, mais aussi des pauvres, marginaux et oisifs. A la fin du XVIIIe siècle, Bicêtre devient le centre où sont envoyés les fous, quand les hystériques sont internées à la Salpêtrière. Ces établissements d'internement deviennent alors des hôpitaux psychiatriques, où l'action porte à la fois sur le corps et l'esprit. Il s'agit de confronter les malades au réel. Développés sous l'impulsion de Tuke et Pinel, les hôpitaux psychiatriques instaurent un pouvoir médical unique incarné par le médecin. L'asile devient alors au XVIIIe siècle un lieu d'observation, de diagnostic et de repérage clinique et expérimental. Au XIXe siècle, l'idée que l'internement doit réduire la folie par la peur et le travail est maintenue. La liberté est restreinte et contrôlée.

Foucault oppose la nef des fous au grand renfermement, où la folie devient déraison puis maladie mentale, jusqu'à être réduite au silence. L'asile devient l'endroit de l'affrontement entre psychiatre et aliéné et dont l'objectif est de faire ployer le fou. L'asile s'affirme alors comme un lieu de pouvoir, un lieu d'une « anatomo-politique » au sens où Foucault l'entendra dans l'*Archéologie du savoir* (1969) : un lieu disciplinaire visant le dressage du corps, l'extorsion de ses forces, la croissance concomitante de son utilité et de sa docilité et son intégration à des systèmes de contrôle politiques et économiques.

Psychiatrie

La psychiatrie est une spécialité médicale s'intéressant aux maladies mentales. Ce mot vient du grec *psyche* (âme, esprit) et du latin *iatros* (médecin). Dans son ouvrage *Histoire de la folie*, Foucault montre que jusqu'au XIXᵉ siècle, la médecine ne se souciait guère des maladies mentales. La psychiatrie naît à la faveur d'une expérience nouvelle de la folie : elle reprend à son compte le thème classique de la folie animale en définissant l'aliénation mentale comme mécanisme pathologique de la nature. Si avant le XIXᵉ siècle, le fou était perçu comme un être vivant dans l'erreur, durant ce siècle, il se définit comme celui qui ne se maîtrise pas. L'idée est alors que sa soumission conduira à sa guérison. Le médecin de l'asile a pour rôle de faire régner l'ordre. La thérapeutique devient un échange entre deux volontés : celle du médecin et celle du malade. Le traitement apparaît comme un dispositif disciplinaire.

Pour décrire l'émergence de la psychiatrie et comprendre la construction de cette science de la folie, Foucault ne fait pas une histoire fondée sur des théories médicales mais une histoire s'appuyant sur la perception des fous et leur traitement dans la société. Il montre comment l'internement a permis de donner au fou une nouvelle identité soulignant sa différence, le réduisant ainsi à l'anonymat et au silence. Il explique bien que dès le départ, la psychiatrie a eu pour but de contribuer au maintien de l'ordre social, qu'elle est fondée sur un rapport de force et de violence. L'enjeu n'est alors pas de guérir le fou mais de lui faire accepter la norme. Le traitement de la folie est un traitement moral. La régulation ne porte plus seulement sur les corps, mais aussi sur les esprits. Foucault montre alors comment au XIXᵉ siècle, la psychiatrie « s'organise autour de la punition ». Cette notion de traitement moral est l'une des notions foucaldiennes les plus critiquées par les psychiatres qui souvent, en France et en Angleterre, appartiennent au mouvement philanthropique. Le psychiatre Gladys Swain notamment, défend le fait que le traitement moral passe par une médiation, qui implique conversation, confiance et écoute du déviant. Il conteste alors l'idée que la psychiatrie est un pouvoir absolu et normé sur le malade.

Toutefois, dès lors que la psychiatrie se constitue comme une science, le médecin devient figure d'autorité. Le fou devient un malade mental, aliénant sa volonté dans celle du médecin, détenteur du pouvoir de guérison. Cette pratique aboutira à la psychanalyse telle qu'elle est développée par Freud. Foucault dira que Freud, en instituant le statut du psychiatre, lui a attribué tous les pouvoirs autrefois répartis dans l'existence collective de l'asile.

Foucault développe plus tard la notion de « pouvoir psychiatrique », continuant de faire la critique d'un dispositif de pouvoir prétendant être un lieu de savoir. Le début de son cours sur « les anormaux » (1974-1975) au collège de France attaque notamment l'expertise psychiatrique, dont découlerait la légitimation scientifique du pouvoir de punir. Foucault y dénonce le pouvoir démesuré d'une psychiatrie dont les discours peuvent avoir des conséquences notables dans la sphère juridique, quand il s'agit par exemple d'évaluer la responsabilité du coupable selon son degré de folie. Par conséquent, il appelle à la « dépsychiatrisation » et propose un nouveau paradigme psychiatrique, à l'époque où les antipsychiatres s'affirment. Il défend l'idée que la folie possède sa logique propre et qu'elle doit se penser hors d'un monologue de la raison.

LE COURANT
PHILOSOPHIQUE

Suite au déclin de l'existentialisme, le structuralisme devient la pensée dominante dans les sciences humaines et sociales en Europe durant la seconde moitié du XXe siècle. Développée dans les années 1950, cette doctrine atteint son apogée vers 1965. Elle s'inspire du modèle linguistique développé par Ferdinand de Saussure dans son *Cours de linguistique générale* (1916) qui propose d'appréhender toute langue comme un dispositif dans lequel chacun des éléments n'est définissable que par les relations d'équivalence ou d'opposition qu'il entretient avec les autres, l'ensemble des relations étant la structure. Ainsi, le structuralisme appréhende la réalité sociale comme un ensemble formel de relations. Il consiste à repérer un ordre présent derrière des faits et leurs variations. Ce courant s'est ensuite exporté à d'autres disciplines : l'anthropologie avec Claude Lévi-Strauss, la sémiologie avec Roland Barthes, la philosophie avec Louis Althusser, le domaine psychanalytique avec Jacques Lacan etc.

En 1966, lors d'un entretien avec *La Quinzaine Littéraire* (n°5, 15 mai 1966), Michel Foucault énonce ainsi les principes fondamentaux du structuralisme :

« Le point de rupture s'est situé le jour où Lévi-Strauss pour les sociétés et Lacan pour l'inconscient, nous ont montré que le sens n'était probablement qu'une sorte d'effet de surface, un miroitement, une écume, et que ce qui nous traversait profondément, ce qui était avant nous, ce qui nous soutenait dans le temps et dans l'espace, c'était le système »

Selon Foucault, le structuralisme cherche à comprendre et analyser les relations entre les éléments de l'activité humaine, en considérant que ces relations ont une nature propre. Le structuralisme serait alors une méthode d'analyse consistant à dégager des relations constantes à partir d'éléments changeants. Dès lors, les interactions synchroniques sont étudiées au détriment des évolutions temporelles et de la causalité. L'invariance est mise en avant ; elle est le principe fondamental de repérage des structures. Michel Foucault fait de ce mouvement un instrument de combat philosophique, devant permettre de mieux saisir l'humain en considérant la structure de tout fait (social, psychologique etc) comme ayant une réalité effective et rendue intelligible par l'organisation logique que suppose la structure. Il perçoit ce mouvement comme une opportunité d'unifier les sciences humaines et sociales. En effet, le structuralisme a un temps donné l'espoir de sortir la connaissance de l'homme de la compréhension et des interprétations subjectives. Il envisageait de la faire entrer dans l'ère de la scientificité.

Si sur le plan méthodique, le structuralisme a apporté de nouvelles approches, en sortant de l'abord empirique et en s'opposant à l'approche littéraire pour donner de nouveaux modèles explicatifs s'appuyant sur la structure, l'engouement pour le structuralisme s'est néanmoins estompé dans les années 1980, avec la disparition des intellectuels ayant contribué à ce mouvement. La génération suivante n'a pas repris le terme, le structuralisme ayant eu à partir des années 1970 une extension si vaste qu'il devenait difficile d'en voir les contours, quand la volonté d'unifier sous un même paradigme l'étude de la totalité des activités humaines montrait ses limites. Le degré de formalisation indispensable, le mode d'existence de l'organisation et son pouvoir de genèse ont été sujet à controverse, quand, selon les critiques, le structuralisme se serait depuis le début dérobé aux règles les plus élémentaires de la pratique scientifique en érigeant ses hypothèses de départ en dogmes.

BIBLIOGRAPHIE

- *Maladie mentale et personnalité*, Paris, Presses universitaires de France, 1954 ;
- *Folie et déraison, Histoire de la folie à l'âge classique*, Paris, Librairie Plon, 1961, réédité sous le titre Histoire de la folie à l'âge classique, Paris, Gallimard, 1976 ;
- *Maladie mentale et psychologie* – édition remaniée de *Maladie mentale et personnalité* –, Paris, PUF, 1962 ;
- *Naissance de la clinique. Une archéologie du regard médical*, Paris, PUF, 1963 ;
- *Raymond Roussel*, Paris, Gallimard, 1963 ;
- *Les Mots et les choses. Une archéologie des sciences humaines*, Paris, Gallimard, 1966 ;
- *L'Archéologie du savoir*, Paris, Gallimard, 1969 ;
- *Sept propos sur le septième ange*, Paris, Éditions Fata Morgana, 1970 ;
- *L'Ordre du discours*, Paris, Gallimard, 1971 ;
- *Ceci n'est pas une pipe*, Fontfroide-le-haut, Fata Morgana, 1973 ;
- *Moi, Pierre Rivière, ayant égorgé ma mère, ma sœur et mon frère : un cas de parricide au XIXe siècle*, Paris, Gallimard, 1973 ;
- *Surveiller et punir*, Paris, Gallimard, 1975 ;
- *Les Machines à guérir. Aux origines de l'hôpital moderne* (collaboration), Paris, Mardaga, 1976 ;
- *Histoire de la sexualité*, vol. 1, *La Volonté de savoir*, Paris, Gallimard, 1976 ;
- *Herculine Barbin dite Alexina B.*, Paris, Gallimard, 1978 ;
- Maurice Agulhon, Michel Foucault, Michelle Perrot et *al.*, *L'Impossible Prison. Recherches sur le système pénitentiaire au XIXe siècle*, Paris, Seuil, 1980 ;
- Arlette Farge, Michel Foucault, *Le Désordre des familles. Lettres de cachet des archives de la Bastille au XVIIIe siècle*, Paris, Gallimard, 1982 ;

- *Histoire de la sexualité*, vol. 2, *L'Usage des plaisirs*, Paris, Gallimard, 1984 ;
- *Histoire de la sexualité*, vol. 3, *Le Souci de soi*, Paris, Gallimard, 1984.

Publications posthumes :

- *Dits et Écrits*, Paris, Gallimard, coll. « Bibliothèques des sciences humaines », quatre volumes, 1994 ; réédité en deux volumes dans la collection « Quarto » en 2001 ;
- *Kant. Anthropologie du point de vue pragmatique. Introduction à l'Anthropologie*, Paris, Éditions Vrin, 2008 ;
- *Mal faire, dire vrai. Fonction de l'aveu en justice – Cours de Louvain 1981*, Louvain, Presses universitaires de Louvain, 2012 ;
- *L'Origine de l'herméneutique de soi*, Paris, Vrin, 2013 ;
- *Qu'est-ce que la critique ?*, suivi de *La Culture de soi*, Paris, Vrin, 2015 ;
- *Histoire de la sexualité*, vol. 4, *Les Aveux de la chair*, Paris, Gallimard, 2018.

Cours au Collège de France :

- 1970-1971 : *Leçons sur la volonté de savoir*, Paris, Gallimard, 2011 ;
- 1971-1972 : *Théories et Institutions Pénales*, Paris, Seuil, 2015 ;
- 1972-1973 : *La Société punitive*, Paris, Gallimard, 2013 ;
- 1973-1974 : *Le Pouvoir psychiatrique*, Paris, Gallimard, 2003 ;
- 1974-1975 : *Les Anormaux*, Paris, Gallimard, 1999 ;
- 1975-1976 : *« Il faut défendre la société »*, Paris, Gallimard, 1997 ;

- 1977-1978 : *Sécurité, territoire, population*, Paris, Gallimard, 2004 ;
- 1978-1979 : *Naissance de la biopolitique*, Paris, Gallimard, 2004 ;
- 1979-1980 : *Du gouvernement des vivants*, Paris, Seuil, 2012 ;
- 1980-1981 : *Subjectivité et vérité*, Paris, Seuil, 2014 ;
- 1981-1982 : *L'Herméneutique du sujet*, Paris, Gallimard, 2001 ;
- 1982-1983 : *Le Gouvernement de soi et des autres I*, Paris, Gallimard, 2008 ;
- 1983-1984 : *Le Gouvernement de soi et des autres II* : Le Courage de la vérité, Paris, Gallimard, 2009.

Biographie :

- Didier Eribon, *Michel Foucault, 1926-1984*, Paris, Flammarion, 1989 ;
- Didier Eribon, *Michel Foucault et ses contemporains*, Paris, Fayard, 1994.

Études :

- Jean-François Bert, *Introduction à Michel Foucault*, Paris, Éditions La Découverte, 2011 ;
- Gilles Deleuze, *Foucault*, Paris, Éditions de Minuit, 1986 ;
- Hubert Dreyfus et Paul Rabinow (trad. Fabienne Durand-Bogaert), *Michel Foucault. Un parcours philosophique*, Paris, Gallimard ;
- Frédéric Gros, *Michel Foucault*, Paris, PUF, coll. « Que sais-je ? » ;
- Judith Revel, *Le Vocabulaire de Foucault*, Paris, Ellipses, 2002 ;

- Judith Revel, *Michel Foucault. Expériences de la pensée*, Paris, Bordas, 2005 ;
- Judith Revel, *La Pensée du discontinu : Introduction à la lecture de Foucault*, Paris, Mille et une nuits, coll. « Essais », 2010 ;
- Paul Veyne, *Michel Foucault. Sa pensée, sa personne*, Paris, Albin Michel, 2008.

Autres références citées :

- Gaston Bachelard, *La Formation de l'esprit scientifique*, Paris, Vrin, 1938 ;
- Marie François Xavier Bichat, *Recherches physiologiques sur la vie et la mort* [1800], Paris, Garnier Flammarion, 1994 ;
- François Cusset, *French Theory : Foucault, Derrida, Deleuze, & Cie et les mutations de la vie intellectuelle aux États-Unis*, Paris, La Découverte, 2003 ;
- Jacques Derrida, *De la grammatologie*, Paris, Minuit, 1966 ;
- Thomas S. Kuhn, *The Structure of Scientific Revolutions*, Chicago, University of Chicago Press, 1962, revu en 1970 ; *La Structure des révolutions scientifiques*, Paris, Flammarion, coll. « Champs », 1972 ;
- Claude Lévi-Strauss, *Les Structures élémentaires de la parenté*, 1949, PUF ;
- Friedrich Nietzsche, *De l'utilité et de l'inconvénient des études historiques pour la vie* [1874], Paris, Garnier-Flammarion, 1998 ;
- Friedrich Nietzsche, *Généalogie de la morale* [1887], Paris, Garnier-Flammarion, 2000, rééd. 2011 ;
- Jean-Pierre Vernant, « Le mythe hésiodique des races. Essai d'analyse structurale », *Revue de l'histoire des religions*, 1960, volume 157, pp. 21-54 ;
- Ferdinand de Saussure, *Cours de linguistique générale*, Paris, Payot, 1972.